SUZETTE,

OU

LE BAILLI AMOUREUX.

MEAUX. — IMP. DE DUBOIS-BERTHAULT.

SUZETTE,

OU

LE BAILLI AMOUREUX,

PAR RABAN,

AUTEUR DE L'ÉPOUX PARISIEN, etc. , etc.

TOME SECOND.

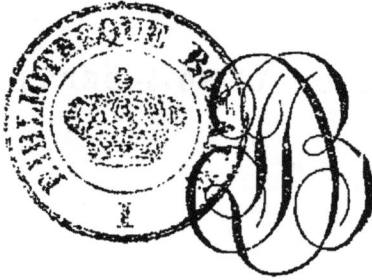

PARIS,

LOCARD ET DAVI, LIBRAIRES,
QUAI DES AUGUSTINS, N.º 3.

1828.

SUZETTE.

CHAPITRE PREMIER.

Retour du Bailli. — Catastrophe. — Suzette à Paris.

Nous avons laissé, s'il m'en souvient, le Bailli trottant, Guillaume étudiant, Suzette roulant, et nous avons pris l'engagement de suivre ces trois personnages, ce qui n'est pas très-facile, attendu qu'ils ont pris des routes différentes; mais le lecteur s'inquiète fort peu des difficultés; on lui a promis des aventures, il faut lui en donner; il en veut à quelque prix que ce soit : encore faut-il qu'elles soient vraisemblables, propres à rompre la monotonie, et naturellement amenées; tâchons donc de le satisfaire, et procédons par ordre.

Il vous souvient sans doute de Martine, cette honnête bourrique; Martine avait, ainsi que nous l'avons dit, d'excellentes qualités; mais, parce que la perfection n'est pas plus dans la nature des ânes, que dans celle des hommes, Martine avait aussi quelques défauts au nombre desquels on pouvait compter son peu d'agilité. Ce fut assez avant dans la nuit, que le Bailli arriva à son domicile. Il entre sans frapper, attendu qu'il ne marche jamais sans ses clefs ; Martine s'en va droit à son gite, et le Bailli entre dans le corps de logis. Il appelle Hélène, et, à son grand étonnement, personne ne répond ; il entre dans la cuisine, se procure de la lumière, et, remettant au lendemain le plaisir de chapitrer Mlle Hélène sur le désordre qui règne dans la maison, il monte l'escalier, et entre dans sa chambre à coucher; mais qui pourrait peindre sa surprise, en voyant des habits d'hommes et de femmes épars çà et là!... Il s'avance vers le lit, en ouvre les rideaux...; quel tabeau, grand Dieu!... Maître Nicolas, dormant à poings fermés aux côtés de la grosse Hélène, qui, elle-même, ronfle de la meilleure grâce du monde! Si le Bailli avait porté la brette, il eût certainement transpercé les deux pécheurs, tant sa fureur était grande; mais, à défaut d'armes modernes, il fit usage de celles que lui avait données la nature, en appliquant sur le visage des dormeurs de vigoureux coups de poings, qui tirèrent promptement ces derniers de leur douce léthargie. Je crois qu'il est bien peu de gens qui s'accommoderaient d'un semblable réveil. Ce que je puis affirmer, c'est que Nicolas ne le trouva point du tout de son goût; il s'élança hors du lit, et, dans l'humeur belliqueuse qu'avaient fait naître en lui les gourmades de l'agresseur, il s'apprêtait à riposter vigoureusement à ce dernier, lorsqu'il reconnut en lui son Bailli. Il jugea alors plus convenable de s'expliquer autrement qu'à la manière dont Alexandre tranchait les difficultés. Tandis qu'il préparait l'exorde du discours qu'il voulait faire, la gouvernante, qui s'était jetée à genoux, et qui, cette fois, n'avait pas pris de boutons pour des patenôtres, débitait son chapelet. Cependant, le greffier, s'étant recueilli un instant, commença en ces termes : Je suis étonné, M. le Bailli, de la vigueur avec laquelle vous poussez des argumens auxquels, vous le savez bien, je suis de force à répondre par de plus vigoureux argumens encore; et vous devez rendre grâce à votre éminente qualité qui seule retient ces argumens au bout de mes bras; mais, morbleu! ne revenez pas à la charge, ou, foi de greffier, je ne respecterai plus votre robe. C'est une belle chose sans doute qu'une robe ; mais, au nombre des priviléges qu'elle donne à ceux qui la portent, on ne compte pas celui d'assommer les gens. Ne vous ai-je pas prouvé d'ailleurs, M. le Bailli, qu'en dépit de toutes les robes du monde, un Bailli n'est qu'un homme comme un autre, et que, bien souvent, il ne vaut pas celui qu'il semble dédaigner ? N'êtes-vous pas tacitement convenu, par la gratification que vous m'avez accordée, qu'un greffier peut avoir les mêmes besoins que son Bailli ? Vous aviez beaucoup d'argent ; vous m'en avez

donné une petite partie, et, en cela,
vous avez fait justice; vous aviez
deux femmes, je vous en ai soufflé
une, et, à mon tour, j'ai fait un
acte de justice, en rétablissant encore sur ce point l'équilibre naturel
et nécessaire entre nous. Vous voyez
donc bien, M. le Bailli, que c'est à
tort que vous vous fâchez contre moi,
Nicolas, la perle des greffiers qui ont
été, qui sont, et qui seront dans
tous les siècles des siècles. — *Amen!*
s'écria la gouvernante, et elle commença son cinquième *ave*. Pendant
ce discours, le moral avait tellement
influé sur le physique du Bailli, que
le pauvre homme, se trouvant dans

une position alarmante, la fureur avait mis tous ses nerfs en contraction; sa bouche demeurait ouverte sans qu'il en sortît une parole; sa respiration était tellement embarrassée, que ses yeux, ordinairement si petits, sortaient presque de leur orbite, et le sang venant à refluer vers le cœur, le Bailli tomba sans mouvement.

Hélène, qui, jusque-là, n'avait cessé de prier, commença à trembler de tous ses membres, et bientôt Nicolas partagea ses craintes, hélas! trop bien fondées! On rallume la bougie que le Bailli avait entraînée dans sa chute, et les amans s'empressent d'admininistrer des secours à leur maître... Vains efforts!... Le froid de la mort avait glacé ses sens!... M. Du Ronsart avait cessé de vivre, et cela, sans avoir eu le temps de se reconnaître... N'est-ce pas ici le cas de s'écrier : *Vanitas vanitatum, et omnia vanitas!*.....

La Justice, qui ne néglige rien de ce qu'elle croit utile, et qui apparaît aux gens dans le moment où ils s'y attendent le moins, chercha querelle à Nicolas relativement à la mort subite du pauvre Bailli; et, en dépit de tous les argumens qu'il put fournir pour prouver son innocence, et pour démontrer que le Bailli avait été frappé d'apoplexie, catastrophe que sa constitution hétéroclite devait faire redouter, le malheureux Nicolas, la perle des greffiers présens et futurs, fut accroché au gibet pour avoir, disait-on, faute de preuves d'homicide volontaire, couché avec la gouvernante de son Bailli, qui, pourtant, ne s'en plaignait pas.

Ce dernier coup acheva de porter la désolation dans l'âme de la grosse Hélène; elle ne put résister long-temps à tant de revers et de maux qui l'accablaient à-la-fois, et elle ne survécut que deux mois et trois jours au malheureux Nicolas.

Voilà ce que l'on peut appeler un évènement tragique, une terrible catastrophe. Quelques personnes sensibles verseront peut-être quelques larmes sur le sort de ces trois infortunés, et ces personnes auront raison de pleurer, si cela les amuse. Pour nous autres romanciers, nous sommes accoutumés à ces sortes d'évènemens, et nous en écrivons les détails d'un œil sec, ce qui ne prouve pourtant pas que nous soyons insensibles ; mais s'il fallait pleurer à chaque évènement plus ou moins funeste, en vérité onn'en finirait pas. Toutefois, notre intention n'est pas de multiplier les catastrophes de cette espèce, et nous avons nos raisons pour cela; revenons à notre sujet.

Tandis que je raconte la déplorable fin de trois de nos personnages, Suzette, la charmante Suzette, que nous avons laissée sur la route de Paris, est arrivée dans cette immense cité, dont les rues sales et étroites qu'elle parcourt ne lui donnent pas une brillante idée. La voiture s'arrête enfin; Suzette met pied à terre; dix porte-faix se présentent

II. 2

pour porter son bagage, et cette circonstance rappelle à Suzette qu'elle n'a pour tout butin que les vêtemens qui la couvrent; mais les cinquante louis du Bailli sont encore à peu près intacts, et, avec la moitié de cette somme, on peut se monter une garde-robe passable. Suzette ne sait pas encore ce qu'elle vient faire à Paris; pour moi, ami lecteur, je me doute de ce qu'elle y fera, et peut-être l'avez-vous aussi deviné; mais il est, pour arriver au même but, des chemins différens, et nous suivrons, si vous le voulez bien, notre héroïne dans celui qu'elle a choisi.

En quittant l'endroit où s'était arrêtée la voiture, Suzette marcha quelque temps en réfléchissant sur ce qu'elle avait de mieux à faire ; mais avant qu'elle eût rien résolu, la fatigue la força de s'arrêter. L'enseigne d'un hôtel garni frappe ses regards ; elle entre, et demande un appartement. — Un appartement ! ma belle enfant, dit le portier, en la regardant insolemment ; il vous faut un appartement ?.... En vérité, on ne s'en douterait pas! A Paris comme ailleurs, l'habit ne fait pas l'homme, on sait cela, on le répète sans cesse, et pourtant on y juge ordinairement l'homme d'après l'habit

qu'il porte. Pendant ce temps-là, le
portier avait décroché une des clefs
qui ornaient le lambris de sa loge ;
il fit signe à la jeune villageoise de
le suivre ; et Suzette, en traversant
une cour d'une médiocre étendue,
pensait que les habitans de la capitale du monde civilisé n'étaient
pas fort civils. On monte un escalier noir et étroit ; déjà la belle enfant a compté quatre-vingt-dix-huit
marches , et son guide ne paraît pas
disposé à s'arrêter ; mais enfin on
arrive au cinquième étage ; et, comme
c'est là que finit l'escalier, on ne
monte pas plus haut. Le portier
introduit la clef dans la serrure

d'une petite porte, et invite Suzette à se baisser un peu, attendu
qu'on ne peut se tenir debout dans
la chambre qu'elle doit occuper.
L'amour-propre des femmes ressemble un peu à celui des auteurs;
peu de chose le blesse. Suzette fut
vivement piquée de l'insolence du
portier. « N'avez--vous , lui dit-
elle avec dédain, que ce grenier à
m'offrir? — Nous n'avons, ma belle
enfant, que cet appartement qui
puisse vous convenir. — Vous vous
trompez, bonhomme, il ne me
convient pas du tout. — Bonhomme!... bonhomme!... Ces paysans ont une façon de parler.... ; il

est cependant de quinze francs par
mois! Voyez si... — Quinze francs,
dites-vous!... J'en donnerai cinquante, s'il le faut, et je paierai
trois mois d'avance. Je n'ai point
l'habitude d'habiter un grenier. A
ces mots, le portier regarde avec
surprise la jeune villageoise; sa
main droite, armée de doigts cro-
chus, se porte au bonnet de laine
crasseux qui couvre ses cheveux
gras; il se découvre, prend un air
respectueux, et balbutie quelques
mots d'excuse. — Pardon, Madame,
si,.., mais..., c'est que..., je vois
que j'ai eu tort de ne pas être honnête avec tout le monde, et de

juger les gens d'après leur habit.
D'après cette réparation fort inté-
ressée de la part du susdit portier,
Suzette, lui mettant six francs dans
la main : « Tenez, voilà de quoi
prendre quelques leçons de poli-
tesse ; conduisez-moi dans un appartement plus convenable. Notre
homme se confond en remercî-
mens, fait dix révérences de suite,
et ferme la porte du petit réduit.
On descend les cinq étages, puis,
on monte un escalier large et bien
éclairé ; et Suzette est introduite
dans un appartement composé de
trois pièces et très-élégamment meu-
blé. L'aimable enfant demande le

prix. — Cent vingt francs par
mois. — Que me dites-vous là ?
C'est beaucoup d'argent quand on
ne possède que cinquante louis ;
mais l'amour-propre ne s'endort pas ,
et c'est un maître impérieux auquel
on résiste difficilement. Suzette avait
annoncé qu'elle paierait trois mois
d'avance ; elle compta donc quinze
louis , et le portier courut avertir
son patron , qu'une grande dame
déguisée avait loué l'appartement du
petit balcon , dont elle avait payé
d'avance trois mois de loyer. — Une
grande dame !.... Le petit balcon !...
Trois mois d'avance !... Vite, m'a-
mour , ma perruque neuve , mon

habit gorge de pigeon, ma canne à
pomme d'or... Toi, Antoine, va
dire à cette dame que ton maître demande la permission de venir lui
présenter ses respects. Et tandis
qu'Antoine se rend chez Suzette,
le bon monsieur Delorme fait sa
toilette à la hâte. N'admirez-vous
pas, ami lecteur, l'effet d'un peu
d'or ? O métal précieux! Heureux!
trois fois heureux! mille fois heureux! le mortel qui n'est jamais
privé de son appui!... Dites-moi,
froids moralistes, qui nous répétez
sans cesse que la fortune ne saurait
rendre heureux; dites-moi donc ce
que c'est que le bonheur? Le sage,

me répondrez-vous, le trouve dans
la paix de l'âme et du cœur, le
calme des passions; le bonheur est
une espèce de quiétisme qui met
l'homme au-dessus des coups de la
fortune. C'est fort bien raisonner;
mais votre sage a du moins feu et
lieu, et c'est l'estomac garni et les
pieds chauds, qu'à l'exemple de Sénèque, l'anti-philosophe, il blâme
ceux des pauvres humains qui cou-
rent après la fortune; mais ôtez à votre sage l'honnête aisance qui lui per-
met de méditer à loisir ; mettez-le à la
suite d'un maître exigeant, brutal,
avare, ou bien, faites-en un de ces
hommes estimables qui, bravant

tour-à-tour l'ardeur d'un soleil dé-
vorant et le souffle glacé de l'aqui-
lon, déchirent d'un bras vigoureux
les flancs de la terre, pour en ar-
racher un morceau de pain qu'ils
arrosent de leurs sueurs; et dans
l'une ou l'autre de ces conditions,
demandez-lui si le calme des passions suffit à son bonheur. S'il vous
répond qu'oui, votre sage n'est
qu'un fourbe, ou c'est un être plus
qu'humain. Il était bien facile à
Sénèque, que j'ai cité plus haut,
d'afficher du mépris pour les ri-
chesses; il en regorgeait : et, quand
il avait l'estomac rempli de mets
succulens, il disait et il écrivait qu'il

fallait vivre de peu. Revenons encore une fois à notre sujet.

Antoine vient d'annoncer son maître, et Suzette qui, tout-à-l'heure encore, n'était qu'une petite villageoise, prend tout-à-coup le ton et les manières d'une dame de haut parage. Ne vous en déplaise, jolie lectrice, la femme est un charmant caméléon qui prend aisément toutes les formes, toutes les couleurs. La souplesse de son esprit fait qu'elle sait profiter de toutes les circonstances, qu'elle tire parti du plus petit événement..... La femme, c'est un être privilégié !

Ce serait un être parfait , si... si...
si...; ma foi, s'il fallait motiver tous
les *si* qu'entraîne cette proposition ,
cela nous menerait un peu trop
loin. Ainsi , belle dame , veuillez
nous pardonner ces réticences, et
passer avec nous au chapitre suivant.

CHAPITRE II.

Suzette à l'Opéra. — Conquête de Suzette.

———

Mme DELORME a placé elle-même
la perruque neuve sur le chef pelé
de son commode époux ; car il est
bon que vous sachiez, lecteur, que,
depuis long-temps, Mme Delorme

prend elle-même le soin de coiffer son mari, coutume très-louable, sans doute, à laquelle les femmes de nos jours tiennent beaucoup, et dont les maris ne se plaignent guère, inhabiles qu'ils sont à mettre eux-mêmes leur perruque ou leur bonnet. Les mains de la belle hôtesse ont ceint le bon hôte d'une épée dont la pointe relevant avec grâce une des basques de l'habit, semble menacer le ciel ; et, la toilette étant achevée, M. Delorme monte à l'appartement du petit balcon.

— Permettez, Madame, à celui qui a l'honneur d'être votre hôte,

de vous présenter ses hommages respectueux. Sans doute, Madame n'a
pas cru qu'elle tromperait beaucoup
de monde à l'aide de ce déguise-
ment ? Pour moi , je n'ai pas besoin d'y regarder à deux fois. Cet
air d'abandon, ces manières distin-
guées, qu'on ne trouve que dans les
personnes *comme il faut,* et que le
costume de Madame fait encore res-
sortir davantage, ne permettent
point de s'y méprendre... Mais Madame a sans doute des raisons pour
en agir ainsi, et je suis trop discret
pour... Aussi bien, je n'ai pas l'habitude de m'immiscer dans les affaires d'autrui. Par exemple, le duc

de*** a, pendant plusieurs mois, habité mon hôtel; c'était un jeune débauché, un franc libertin, qui se ruinait, et qui désespérait sa famille; il vient de faire un riche mariage, et la dot de sa femme lui sert à donner des diamans à deux danseuses...; mais M. le Duc m'a toujours payé exactement, et je ne m'aviserai jamais d'en dire du mal. C'est à vous seule, Madame, que je confie ce secret. L'appartement de l'entresol est occupé depuis quelques semaines par une jolie veuve qu'un procès retient à Paris. Ses juges lui font de fréquentes visites... l'un d'eux surtout..... Hier encore, il

sortit de chez elle de grand matin,
et Antoine ne l'avait pas vu entrer...
Mais, ainsi que j'ai eu l'honneur de
le dire à Madame, je n'ai point l'habitude de me mêler des affaires d'autrui, et l'on peut compter sur ma
discrétion en tout point. — Je le
crois, Monsieur, répondit Suzette en
souriant, et je rends justice à votre
pénétration. Vous l'avez deviné,
des raisons particulières m'ont forcée
de prendre ce costume; mais ces raisons n'existent plus. — En ce cas,
je prendrai la liberté de faire observer à Madame, qu'elle ne peut se
passer d'une femme de chambre, et,
si Madame le voulait, je me char-

gerais avec plaisir de lui en procurer
une. Cette proposition embarrassa un
peu Suzette; elle sentit bien qu'avec
trente-cinq louis qui lui restaient,
elle ne pourrait soutenir long-temps
le rôle qu'elle avait commencé à
jouer; mais la nièce d'une gouvernante de Bailli, qui trouve l'occasion de passer pour une grande
dame, n'est pas disposée à laisser
échapper une occasion aussi favorable. Quand la vanité s'est emparée
du cœur d'une femme, elle n'y laisse
point de place pour la raison, et,
en dépit de cette dernière, Suzette
accepta la femme de chambre.
M. Delorme promit de s'acquitter

promptement de la commission dont sa nouvelle locataire voulait bien le charger ; et il sortit convaincu que sa visite avait donné à la grande dame une très-bonne opinion de son hôte.

Cependant la nuit approchait, et Suzette, qui n'avait pas dormi depuis quarante-huit heures, se mit au lit, où bientôt mille songes agréables délassèrent son esprit des tracasseries des deux jours précédens. A son réveil, M. Delorme, qui était homme de parole, lui présenta lui-même la femme de chambre dont il avait été question la veille. Rosine (c'était le nom de la soubrette) assura à Madame qu'elle ferait tout pour lui plaire. Suzette accepta ses services, et donna ensuite audience à une marchande de nouveautés qui venait lui offrir ce qu'il y avait de plus moderne en robes, chapeaux, schalls, etc.; car M. Delorme, très-obligeant de son naturel, avait pensé à tout. Suzette, qui s'était laissé éblouir, acheta de tout cela pour cinq cents francs qu'elle paya comptant, et fit, en outre, quelques commandes qu'elle ne paya pas, et pour cause.

Cette opération terminée, notre

héroïne pensa que le nom un peu trop plébéien de Suzette s'accordait mal avec la figure qu'elle allait faire dans le monde. Son père s'appelait Martin, et Mlle Martin trouva tout naturel de se faire appeler Mme de la Martinière. Rosine entra en fonctions sur-le-champ, et donna bientôt à sa maîtresse un échantillon de ses talens. En moins de deux heures, la toilette de Suzette fut achevée, et la nièce d'Hélène, métamorphosée en *incroyable*, n'en était pas moins charmante. Mme de la Martinière n'avait point encore son plan arrêté; mais un secret pressentiment l'avertissait qu'il ne fallait point craindre l'avenir; et, en effet, que peut avoir d'effrayant l'avenir pour une jolie femme de dix-huit ans, qui a toutes sortes de bonnes dispositions pour faire fortune? La journée se passa sans évenemens remarquables. Le soir, Rosine demanda à sa maîtresse si elle allait à l'Opéra. Bien que M.me de la Martinière eût été sur le point de jouer un rôle important dans un drame lyrique, elle n'avait jamais vu d'opéra, mais, en revanche, elle en avait beaucoup entendu parler pendant les trois ou quatre jours qu'elle avait fait partie de la troupe ambulante. Elle savait qu'à l'Opéra de Paris les yeux sont récréés, les

oreilles déchirées, et les jolies femmes admirées. Or, à quoi sert d'avoir
fait une toilette brillante, d'avoir un
visage charmant, des yeux enchan-
teurs, une taille divine, à quoi, dis-
je, serviraient toutes ces choses, si l'on
ne pouvait les faire admirer? Et puis,
cette admiration n'est pas toujours
stérile, et M.me de la Martinière,
qui le savait bien, résolut de se faire
admirer le soir même.

Il est donc décidé qu'on ira à l'O-
péra. Rosine fait avancer un fiacre,
et, en quelques minutes, on arrive
dans ce pays enchanteur, où l'on ne
sait ce qu'on doit admirer le plus de

la musique ou de la danse. L'assemblée était nombreuse et brillante, et Suzette n'avait point de diamans; mais sa fraîcheur et sa beauté n'en ressortaient que mieux. Ces diamans là en valent bien d'autres. Mme de la Martinière ne trouva point le poème mauvais, bien qu'il le fût, par la raison toute simple qu'elle n'en entendit pas un seul mot; mais, pour la musique, ce fut autre chose, elle l'entendit de telle sorte, que ses mains servirent bientôt de rempart à ses oreilles assaillies. Quel est son étonnement de voir autant de monde réuni à un spectacle qui lui semble insipide! Elle en est surprise, parce

qu'elle ne sait pas qu'il est du bon
ton de s'ennuyer, et que c'est à l'O-
péra qu'on y réussit le mieux. Cependant de charmans ballets viennent la dédommager de l'insupportable charivari qui, depuis quelques
instans, lui déchire les oreilles si
impitoyablement; mais, tandis que
les yeux de M.me de la Martinière
suivent avec plaisir les mouvemens
gracieux des danseurs, la lorgnette
d'un homme puissant est braquée sur
son charmant visage. Le marquis
de*** ne manque pas une représen-
tation de l'Opéra. On croirait qu'il
veut y admirer les progrès des beaux-
arts; point du tout, les arts et les

artistes sont fort indifférens au marquis : il vient dans le temple des Muses pour y admirer les beautés nouvelles, et quelquefois un peu usées, qui s'y rassemblent; mais M. le marquis, qui méprise les arts, possède un grande connaissance des femmes, et on le trompe rarement par une ingénuité de commande. D'ailleurs, ainsi que je l'ai dit, le marquis est un homme puissant; sa fortune est immense, et, par conséquent ses conquêtes sont nombreuses. Depuis dix minutes, la fraîcheur de M.me de la Martinière captive toute son attention; il remarque l'étonnement qui se peint sur le visage de la belle enfant à chaque coup de théâtre ; et, comme le marquis se pique d'être observateur, il devine que Suzette est une jeune provinciale. « Tant mieux, se dit-il, la conquête en sera plus facile ! » Un quart-d'heure s'est à peine écoulé, que déjà le marquis a résolu de posséder la maîtresse de Guillaume, et que toutes ses dispositions sont faites pour y parvenir.

Le spectacle fini, Mme de la Martinière quitta sa loge, en se promettant bien de ne pas revenir de sitôt honorer l'Opéra de sa présence. Arrivée sur les degrés, la foule qui se

précipite l'entraîne ; Suzette suffo-
quée, parvient à se dégager, et,
dans ce moment, un homme, cha-
marré de cordons et parfumé d'es-
sences, lui offre le secours de son
bras. C'était le marquis qui n'avait
point perdu de vue sa conquête fu-
ture. Suzette trouva tout simple que
le fort servît d'appui au faible, et elle
accepta. Dès-lors, le marquis fut
persuadé qu'il marchait à la victoire. « Si Madame voulait me le
permettre, dit-il à notre héroïne,
j'aurais l'honneur de lui offrir ma
voiture. » On se rappelle peut-être
l'impression peu favorable qu'avaient
faite sur l'esprit de Suzette les rues

sales et étroites de la capitale.
Mme de la Martinière trouva donc
très-raisonnable d'accepter la voiture
qui allait lui éviter le désagrément
de parcourir à pied ces rues fan-
geuses. — Madame demeure? — A
l'hôtel de France, rue Saint-Ho-
noré. L'adresse est répétée au cocher, et la voiture roule. On arrive à
l'hôtel de France. Le marquis descend, présente la main à Suzette, et
sollicite la faveur d'accompagner
Madame jusque chez elle. Suzette a
trop d'obligations au galant marquis pour faire un refus qu'elle croirait une incivilité; et voilà l'amateur
des beautés nouvelles dans l'appar-

tement du petit balcon. La conversation s'engage et roule d'abord sur
le spectacle que l'on vient de quitter.
Suzette avoue très-naïvement que ce
spectacle l'a ennuyée, et qu'avant
de voir Paris, elle s'était fait de cette
immense cité et de ce qu'elle renferme, une idée à laquelle la réalité ne
répondait point. — Madame habite
la capitale depuis peu? — Depuis
hier seulement. — Si Madame voulait me permettre de l'accompagner
dans les visites qu'elle se propose sans
doute de faire aux curiosités que renferme cette grande ville, je suis persuadé que j'aurais bientôt le plaisir de
la voir revenir de l'opinion peu favo-

rable qu'elle a conçue sur de trop faibles apparences. — Parbleu! se dit Suzette, il faut convenir que, si Paris n'est pas beau, si l'on y trouve des rues sales, des portiers insolens, et un spectacle étourdissant, il renferme aussi des personnages bien civils. Au surplus, c'est peut-être l'usage parmi les grands d'en agir ainsi, et, dans tous les cas, je ne vois pas d'inconvénient à accepter encore cette offre obligeante. — J'étais bien sûr de la victoire, pensait de son côté le marquis; cependant je ne la croyais pas si facile..... Mais aussi le moyen de me résister! Cet irrésistible personnage ne quitta l'appartement de

Mme de la Martinière, qu'après avoir adroitement placé deux billets de mille francs sur la cheminée. Suzette les trouva quelques instans après, et cela lui ouvrit enfin les yeux. Que faire dans une pareille circonstance ? A peine reste-t-il à Mme de la Martinière quelques faibles débris de la somme rondelette qu'elle a escamotée au Bailli. Ces deux mille francs viennent donc fort à propos pour rétablir ses finances ; mais, si elle les garde , elle ne pourra refuser... Et les sermens faits à Guillaume ?... Cette pensée lui arrache quelques larmes. « Ce pauvre Guillaume, hélas ! peut-être ne le reverrai-je jamais !... Jamais !... »

Ici Suzette pleura plus fort, et Rosine, témoin de l'affliction de sa
maîtresse, lui offrit des consolations.
Il est vrai qu'elle ignorait les raisons
qui faisaient pleurer M.me de la Martinière, mais elle ne l'invitait pas
moins à se calmer, et l'assurait en
même temps de son dévouement.
Suzette fut touchée du vif intérêt que
sa femme de chambre prenait à ses
chagrins. Il lui vint aussitôt dans
l'esprit que Rosine, à laquelle le séjour de Paris et l'emploi qu'elle avait
toujours rempli devaient avoir acquis beaucoup d'expérience, il lui
vint, dis-je, à l'esprit, que Rosine
était plus capable que toute autre de

la bien conseiller; et, après avoir
balancé un instant, elle se décida à lui faire les confidences de ses
aventures. Or, ami lecteur, il est
temps de vous dire que M.lle Rosine
était une fille très-intelligente, qui
avait servi tour-à-tour une duchesse,
une marquise, une baronne et une
actrice. Dans cette dernière condition, Rosine avait travaillé si effica-
cement à la ruine d'un jeune seigneur, que, pour la récompenser des
talens qu'elle avait déployés, la famille de ce seigneur l'avait fait mettre
à l'hôpital; et il y avait à peine quelques jours qu'elle était sortie de cette
maison de plaisance, lorsque Suzette

la prit à son service sur la recommandation de M. Delorme. D'après cela, lecteur, vous serez persuadé que Suzette ne pouvait mieux placer sa confiance que dans M.lle Rosine; et la suite prouvera, sans doute, que vous aviez raison d'être ainsi persuadé.

~~~~~~

CHAPITRE III.

Suzette quitte l'hôtel de France. — Le maître clerc. — Aventure nocturne.

————

A MESURE que Suzette parlait, Rosine se félicitait tout bas de sa nouvelle condition, car elle voyait clairement qu'elle ne manquerait pas

d'occasions pour faire valoir ses talens. Suzette, après avoir raconté ses
aventures, finit par demander ce
qu'elle devait faire des deux mille
francs.—Ce que vous en devez faire,
Madame? les garder, parbleu! Il est
vrai qu'un homme qui donne deux
mille francs a le droit d'espérer.....
Mais, après tout, ce monsieur-là peut
mériter.....; et puisque M. Guillaume..... — Ah! Rosine, si vous
saviez comme il m'aimait, et combien de fois il me l'a prouvé... — Je
crois, Madame, qu'il vous l'a
souvent prouvé; et les regrets dont
vous l'honorez prouvent assez ce qu'il
valait; mais, puisque vous ne pou-

vez espérer de le revoir, au moins de long-temps, puisque vous ignorez ce qu'il est devenu, et que vous ne pouvez tenter de découvrir sa retraite, sans risquer de tomber entre les mains de votre ennemi, je vous conseille de prendre un parti; et le plus sage, à mon avis, est de ne point repousser un homme qui s'annonce avec d'aussi belles manières. Tout dépend du premier pas, celui-là seul est difficile. Vous êtes jeune et jolie; le monde vous présente une carrière semée de plaisirs; croyez-moi, Madame, l'amour sans la fortune est bien triste; et un hôtel somptueux, un équipage brillant, rachètent bien quelques années de trop...

Tandis que Rosine parlait, Mme de la Martinière roulait dans ses doigts les deux billets qu'elle finit par mettre dans son secrétaire. « Vous êtes jeune et jolie , » avait dit la soubrette ; cela était vrai, Suzette le savait bien, car son miroir le lui répétait souvent. Elle savait aussi tout ce qu'elle avait à craindre du Bailli. « La haine d'un homme comme moi est implacable, » avait dit ce dernier, et Suzette se souvenait de cela. Cependant l'idée de trahir Guillaume lui était insupportable ; et elle avait besoin de beaucoup de résolution pour suivre les conseils de Rosine; mais, s'il est avec le ciel des accommodemens, il en est aussi avec la conscience, et M.me de la Martinière crut avoir trouvé le moyen de tout concilier, en se permettant de sacrifier tout au monde pour voler dans les bras de Guillaume dès qu'elle pourrait le faire sans s'exposer à la vengeance du Bailli.

Le valet de chambre du marquis fut chargé par son maître de prendre quelques informations sur le compte de M.me de la Martinière; il s'adressa pour cela à Antoine qui lui répondit

très-gravement que c'était une grande
dame qui était arrivée en costume de
paysanne. Il ne put en savoir davantage; mais cela suffit au marquis
qui déjà soupçonnait la vérité. Ce
modeste personnage, qui ne croyait
pas qu'on pût jamais lui résister,
pensa, et ce n'était pas sans raison,
que la grande dame était tout simplement une petite paysanne qui
venait à Paris pour y faire valoir un
joli minois et un grand fond de
sensibilité. Alors, comme aujour-
d'hui, c'étaient là des articles fort
recherchés, bien qu'ils ne fussent
pas rares à Paris surtout. Les beautés sensibles ont toujours joui d'une

grande faveur, et, en vérité, elles la méritent bien; car, n'en déplaise aux modernes Lucrèces, qui croient, par une sévérité apparente, faire oublier leurs laides figures, la sensibilité est l'apanage du beau sexe. D'après l'opinion que le marquis s'était faite de la jolie Suzette, opinion dans laquelle il fut confirmé par le silence qu'on garda sur les deux billets, il ne crut pas devoir user de grands ménagemens. Dès la seconde visite, il se déclara ouvertement, il offrit cent louis par mois et une voiture. Cette proposition, à laquelle Suzette devait s'attendre, porta néanmoins la confusion dans son âme;

ses belles joues se colorèrent d'un vif
incarnat; ses yeux se baissèrent vers
la terre, et quelques larmes vinrent
mouiller les beaux cils qui ombra-
geaient ses paupières. Suzette, le
sourire sur ses lèvres, était charmante, mais Suzette affligée était
adorable. Ce fut au moins l'opinion
du marquis; et je suis tenté de croire
qu'il avait raison. Quoi qu'il en
soit, ce fortuné mortel entreprit de
consoler la belle affligée, et la chro-
nique du temps assure qu'il y parvint
bientôt. Au nombre des consolations
qu'il offrit, fut une jolie petite maison
située à l'une des extrémités de Paris,
meublée avec autant d'élégance que

de goût, et dont Mme de la Martinière prit possession au grand dé-
plaisir de M. Delorme et de l'honnête
Antoine.

L'amant qui paye n'est jamais l'a-
mant aimé; c'est une règle générale
qui ne souffre point d'exception. Il y
a encore un vieux proverbe qui dit
que les absens ont tort; et ce proverbe là a raison. Le marquis avait
tort de payer, Guillaume avait tort
d'être absent, et, pour compenser
tous ces torts là, il était indispen-
sable que quelqu'un eût raison.

Rosine, qui, ainsi que je l'ai dit,

était une fille expérimentée, obser-
vait avec soin ce qui se passait dans
le cœur de sa maîtresse. « Lire dans le
cœur d'une femme, dira-t-on, c'est
chose bien difficile. » Pour un homme,
je l'avoue, ce n'est pas une affaire
aisée, mais pour une autre femme, la
difficulté disparaît, et la preuve de
cela, c'est que Rosine vit du premier
coup-d'œil ce qu'il fallait opposer à
la mélancolie qui commençait à s'em-
parer de M.me de la Martinière.

La maison la plus voisine de celle
de Suzette était occupée par un no-
taire; celui-ci, peu clairvoyant,
avait un maître clerc, lequel était un

beau garçon de vingt-deux ans, qui avait toute la raison nécessaire pour faire oublier les torts dont nous avons parlé plus haut. M. Jules (c'était le nom de ce nouveau personnage) avait eu quelques occasions de voir Mme de la Martinière, et il l'avait trouvée charmante, parce qu'elle l'était en effet. Or, comme il est tout naturel qu'une jolie femme inspire de l'intérêt à un joli garçon, Jules chercha à se procurer quelques renseignemens sur sa belle voisine, et bientôt il apprit que le marquis de*** avait fait l'acquisition de la maison qu'elle habitait; que ce noble personnage faisait de fréquentes visites à la jeune dame ; que souvent même il y passait une partie de la nuit, etc., etc. Le maître clerc conclut de tout cela, que Mme de la Martinière était entretenue par le marquis ; et, comme il savait qu'un rival qui paye n'est pas dangereux, il pensa que le cœur de la dame n'était pas une forteresse impénétrable. D'après ce calcul, il songea à se ménager des intelligences dans la place ; ce qui était d'autant plus facile, que Mlle Rosine ne se piquait pas d'être incorruptible : aussi, M. Jules la trouva-t-il plus disposée à le servir qu'il n'avait osé l'espérer. Dès-lors l'adroite soubrette saisit toutes les occasions de parler de son protégé à sa maîtresse. « M. Jules, disait-elle, est un jeune homme charmant, qui passe pour avoir un esprit supérieur ; il est difficile de réunir plus de qualités, plus de perfections que ce charmant jeune homme ; aussi, toutes les beautés du quartier se disputent son cœur, mais M. Jules a vu Madame, et, dès ce moment, il a renoncé à toutes ses conquêtes. Plusieurs fois, ajoutait Rosine, je l'ai vu se promener sous vos fenêtres ; il avait l'air triste et abattu ; il m'a même priée de remettre à Madame des lettres dans lesquelles, sans doute, il lui pei-

gnait son martyre ; mais, craignant
de déplaire à Madame, j'ai refusé de
m'en charger. »

Suzette ne prit point d'abord la
chose au sérieux ; elle en rit, et n'y
pensa plus. Mais, chaque jour, Rosine trouvait l'occasion de parler de
M. Jules, et de la passion que Madame lui avait inspirée. Suzette n'a-
vait pas un cœur de roche, je vous
l'ai dit, lecteur ; elle était au contraire très-sensible, et une femme
sensible ne s'entend pas répéter inu-
tilement à tous les instans du jour,
qu'elle est aimée par un beau jeune
homme. Insensiblement M.me de la

Martinière s'attendrit sur le sort du
pauvre Jules ; elle se sentit même
disposée à payer de quelque retour un
amour aussi violent. Rosine, qui
s'attendait à cela, profita du moment
favorable, et frappa le grand coup,
en proposant d'introduire son protégé par la petite porte du jardin ;
Suzette hésite ; Rosine insiste, et
arrache enfin un consentement à sa
maîtresse.

L'heureux Jules, instruit de son
bonheur, attend avec une impatience
mêlée d'inquiétude l'heure fixée par
la rusée soubrette ; il consulte sa
montre dix fois par minute ; il craint

que quelque accident ne vienne tra-
verser ses projets ; mais enfin la nuit ,
cette nuit si ardemment désirée ,
commence à étendre ses voiles. La
porte aux environs de laquelle il
rôde depuis plus de deux heures ,
s'ouvre doucement; il s'y présente :
— Est-ce vous , dit une voix qu'il reconnaît pour celle de Rosine? — Moi-
même. — Suivez-moi. — Et , au bout
de quelques secondes , le maître clerc
est introduit dans l'appartement de
Mme de la Martinière. Le beau Jules
tombe aux pieds de la jolie Suzette ;
c'est la règle , et un amoureux du
bon ton n'y manque jamais. Il parle
du jour où il a eu le bonheur de la

voir pour la première fois; il dit que,
depuis cet heureux instant, il porte
dans son cœur l'image adorée de
celle à qui il vient désormais consa-
crer tous les instans de sa vie; qu'il a
fait le serment de ne l'abandonner
qu'à la mort, etc., etc. Ce sont là
des lieux communs et des plus communs, j'en conviens; mais ils man-
quent rarement de produire un grand
effet. Quant à Suzette, elle fut en-
chantée de l'amoureuse éloquence de
son nouvel amant; néanmoins, elle
affectait beaucoup de dignité, et ne
paraissait point disposée à se rendre à
la première attaque; mais Jules devint tout-à-coup si pressant, et ses

discours étaient si passionnés, que la belle enfant n'eut pas la force de résister davantage, et elle se rendit, parce qu'elle savait qu'il fallait en finir par là.

Tandis que cela se passe, le marquis peste contre les ducs, les vicomtes, les marquises et les comtesses; il peste contre lui-même, et il jure que, de sa vie, il ne touchera une carte.

D'où vient donc cette grande colère, chers lecteurs? je vais vous l'apprendre. Le marquis avait été souper chez un comte de ses amis. Après le souper, on joua, et, en deux heures, le marquis perdit cent mille écus. Vous conviendrez qu'on se mettrait en colère à moins. Cependant la colère ne mène à rien de bon; M. le marquis le sait bien, et, pour dissiper celle dont il est transporté, il n'imagine rien de mieux que d'aller passer la nuit à sa petite maison. Le cocher reçoit des ordres, et, en quelques minutes, on arrive à la petite porte dont le marquis a une clef; heureusement, Rosine ne dormait pas encore; elle entend quelque bruit, et, comme elle sait que le marquis seul a les moyens d'entrer à toute

heure chez sa maîtresse, elle ne
doute pas que ce ne soit lui, et,
se jetant hors de son lit, elle se
précipite dans la chambre de Suzette en s'écriant : Le marquis! Le
marquis !.... Ces terribles paroles
sont un coup de foudre pour les
nouveaux amans. Jules conçoit d'a-
bord toute l'étendue du danger qui
le menace ; ce danger croît à chaque
seconde, et pas un meuble ne peut
servir d'asyle au maître clerc. Le
pauvre Jules est aux champs; et,
dans le trouble qui l'agite, il saisit
les rideaux, s'appuie sur les colon-
nes du lit, et se niche sur le baldaquin. Il y était à peine que le

marquis entra. En approchant du lit de sa maîtresse, la colère de ce noble personnage s'évanouit tout-à-fait ; il cesse de pester pour parler d'amour à la belle Suzette. — De grâce, mon ami, ménagez-moi...; un mal de tête affreux... — Ma bonne amie, cela ne sera rien. — En vérité, le sommeil m'accable..... — Eh bien! je veux avoir le plaisir de vous regarder dormir.

Il n'y eut pas moyen de s'en défendre ; Mme de la Martinière aurait bien volontiers envoyé le marquis à tous les diables, mais on ne renonce pas facilement à cent

louis de revenu par mois, et Suzette
finit par céder.

Cependant Jules, en faisant sa
retraite, avait considérablement
ébranlé l'édifice fragile sur lequel il
s'était réfugié; un fauteuil que le
marquis appuie près du lit, pour
être plus près de sa maîtresse,
achève ce qui avait commencé la
retraite de Jules, et le baldaquin,
cédant enfin à cette impulsion, s'é-
croula avec fracas sur le dos du
marquis. Faites-vous, si vous le pouvez, lecteurs, une idée de la situation de mes trois personnages; re-
présentez-vous Suzette se débarras-

sant de dessous les rideaux; le marquis aux abois, qui, froissé, écrasé, par la chute de son rival, appelle, d'une voix étouffée, à son secours, tandis que le maître clerc, cherchant une issue, se dispose à gagner le large. Cette scène peut vous fournir le tableau que j'esquisserais, si d'autres évenemens n'attendaient le secours de ma plume pour aller à la postérité.

~~~~~~

CHAPITRE IV.

Guillaume au séminaire. — La logique du père Thomas. — Histoire de Réné de la Chanvrière.

———

Nous avons laissé Guillaume au séminaire, et si le lecteur a deviné que ce séjour n'était pas du goût de notre héros, il a deviné juste. Les leçons du révérend père Thomas n'é-taient guère propres à le distraire de l'ennui et du chagrin qui l'assié-geaient. Pour se distraire de l'ennui dont il était dévoré, Guillaume s'occupa du soin de se faire un ami. Au nombre des séminaristes, il y en avait un dont le caractère sym-pathisait singulièrement avec le sien. Réné de la Chanvrière, franc étourdi, était plus propre à faire un officier de hussards qu'un vicaire de Jésus-Christ. Comme Guillaume, il s'ennuyait, et, pour passer le temps, il s'amusait à faire des madrigaux. Ce fut avec ce personnage que Guillaume se lia d'amitié ; et bientôt cette liaison devint si intime, que ces nouveaux amis ne se quittaient presque plus.

Un jour, Réné donna à son ami un cahier assez volumineux. « Lis ceci, lui dit-il, c'est le récit exact de tous les évenemens de ma vie. Quand tu l'auras lu, tu me connaîtras aussi bien que si tu avais toujours été près de moi ; et alors, je te communiquerai le projet que je médite. » Ces paroles piquèrent la curiosité de Guillaume ; il se retira dans sa chambre, ouvrit le manuscrit, et lut l'histoire suivante.

HISTOIRE DE RÉNÉ DE LA CHANVRIÈRE.

« Mon père, le baron de la Chanvrière, était pauvre, quoique très-noble. Il avait deux frères; l'un, qui était le cadet, se retira de bonne heure dans une petite terre qui lui avait été léguée par une cousine, et dans laquelle il passa des jours heureux, parce qu'il n'était point tourmenté par la soif des honneurs ni de l'argent. Le plus jeune s'embarqua pour l'Amérique, et s'établit à Saint-Domingue, où il fit une fortune rapide, à ce qu'on apprit par la suite. Pour mon père, il vendit une

partie de son mince patrimoine, et
ne crut pouvoir mieux placer son
argent qu'en l'employant à acheter
le droit de se faire tuer pour vider
les querelles des souverains, auxquels il importait fort peu qu'il y
eût ou qu'il n'y eût pas un baron de
la Chanvrière au monde.

« A la première campagne, un
éclat d'obus créva l'œil droit du
baron ; à la seconde, un boulet lui
emporta le bras gauche, ce qui le
dispensa d'en faire une troisième. Il
sollicita quelque temps pour obtenir
la récompense due à ses services,
mais on lui répondit qu'il y avait

des officiers qui comptaient vingt ans de service, et qui n'étaient pas pensionnés. Mon père fit observer au ministre que ces officiers n'avaient pas, comme lui, perdu un œil et un bras, mais l'Excellence lui tourna le dos, et le baron fut contraint de retourner dans ses terres, lesquelles se composaient de quelques arpens dont le revenu était tout au plus capable de l'empêcher de mourir de faim. Mon père ne tarda pas à se lasser de la vie qu'il menait; il pensa qu'une compagne lui était nécessaire, et il épousa la fille d'un gentilhomme presqu'aussi pauvre que lui, mais dont la noblesse était pour le

II. 7

moins aussi ancienne que la sienne.
Or, le baron faisait grand cas de ces
avantages chimériques.

« Je suis le seul rejeton de cette
noble race. Mon père comptait
beaucoup sur moi pour relever la
fortune de la famille ; chaque jour,
il bâtissait des châteaux en Espagne,
et faisait à mon sujet des projets à
perte de vue ; mais un accident que
je vais rapporter l'empêcha de les
réaliser.

« L'intendant de la province devint père, ou, pour parler plus
juste, sa femme donna le jour à un

garçon dont M. l'intendant voulut
bien se croire le père, quoique le
poupon ressemblât beaucoup plus
au secrétaire de l'intendance qu'à
M. l'intendant lui-même ; mais cet
important personnage avait beaucoup de confiance en la sagesse de
sa femme, et, en cela, il faisait sagement, car que deviendraient les
familles, si tous les enfans qui ne
ressemblent pas à leurs pères étaient
réputés bâtards? Quoi qu'il en soit,
l'intendant donna, à l'occasion de la
naissance de son fils, une grande
fête, à laquelle toute la noblesse des
environs fut invitée. Au dîner qui
suivit la cérémonie du baptême, les

places furent distribuées à chacun selon l'ancienneté de sa noblesse, ou du moins cela devait être ainsi; mais la fraude se glisse partout : les colléges électoraux en sont la preuve. Le baron de la Chanvrière n'occupa que la quarante - troisième place, tandis que la quarante-deuxième avait été assignée à un marquis de fraîche date. Le baron n'était pas homme à supporter un pareil affront; il s'en plaignit tout haut, et rappela qu'un baron de la Chanvrière, son aïeul, avait suivi Saint-Louis dans la Palestine. Le marquis, au lieu de faire justice et de s'exécuter de bonne grâce, en rendant la place qu'il usurpait, osa traiter la noblesse de mon père de *noblesse d'un jour*, et prétendit que l'origine de sa maison remontait si haut qu'il lui était impossible d'en constater l'ancienneté, attendu que les titres de ses aïeux avaient été perdus dans les désastres causés par le déluge. « Noblesse d'un jour ! s'écria le baron en grinçant les dents de colère, vassal que tu es, mon épée me fera justice de ton insolence ! »

Cependant le marquis garda la quarante-deuxième place, et le dîner fut servi; mais mon père se respectait trop pour manger; il refusa

constamment tous les mets qu'on
lui offrit, et se contenta d'avaler
quelques verres d'eau, qui pourtant
ne calmèrent point sa colère ; car
aussitôt après le repas, il emmena
le marquis dans le parc, et le força
de mettre l'épée à la main. Malheureusement, la fortune qui n'y voit
goutte est un très-mauvais juge ; elle
donna gain de cause au marquis,
et le baron reçut un coup d'épée qui
l'envoya rejoindre ses aïeux de glo-
rieuse mémoire. Cet évènement affecta vivement ma mère, car elle
aimait beaucoup son mari, ce qui
n'est pas sans exemple : aussi est-ce
une chose très-édifiante.

« Je n'avais que quatre ans lorsque ce malheur arriva ; mais ma mère eut soin de me le rappeler souvent, et je suçai, pour ainsi dire, avec le lait la haine que la baronne portait à tout ce qui portait le nom de Beaumarais (c'était le nom du marquis). A six ans, je parlais déjà de venger la mort de mon père, et à huit, j'étais très-fort sur l'escrime.

Ma mère était pauvre, je l'ai déjà dit ; et ce fut à cause de cela que mon oncle entreprit lui-même de faire mon éducation. C'était un excellent précepteur sous lequel je fis des progrès rapides. Bien que mon père eût perdu un bras, un œil et la moitié de son petit domaine au service du roi, on ne m'en destinait pas moins à la carrière des armes, que l'on regardait comme la plus convenable à un gentilhomme, comme s'il pouvait y avoir beaucoup d'honneur à s'entr'égorger sans savoir pourquoi. Mon oncle, qui passait pour un sage, partageait néanmoins cette opinion ; et, en attendant que j'eusse atteint l'âge et la force nécessaires pour tuer des hommes, il m'enseignait à tuer des lièvres qui s'avisaient de faire quelques excursions sur son petit domaine. Mal lui en prit pourtant, c'est ce que l'on va voir.

« Un jour que, sur les bords d'un étang, nous chassions les canards sauvages, j'en tuai un qui tomba dans l'eau; et, en cherchant à atteindre ma proie, je tombai moi-même dans l'étang. Aussitôt mon oncle se précipita pour me sauver, mais je savais nager et mon oncle ne le savait pas; j'atteignis le bord, et mon oncle eut le malheur de se noyer. Je le regrettai vivement, ce cher oncle; je le pleurai à chaudes larmes; je le pleure encore, et le pleurerai tous les jours de ma vie, quoique bien persuadé que mes larmes ne le ressusciteront pas.

Guillaume en était là de sa lecture, lorsque la cloche qui l'appelait au réfectoire se fit entendre ; il ferma le manuscrit pour se rendre à l'invitation, et moi je ferme ce chapitre que je trouve assez long ; puissiez-vous , lecteur, être d'un avis contraire !

CHAPITRE V.

Le dîner des Séminaristes. — Suite de
l'histoire de Réné.

Le dîner d'un séminariste, comme
celui d'un collégien, est court et
frugal. Vous souvient-il, amis lecteurs, de ce grand homme qu'on

nommait *M. l'économe ?* Or, nous savons tous s'il l'était! Vous souvient-il encore

> « De cette salade éternelle,
> « Dont on ne remplissait l'huilier,
> « Qu'aux dépens du quinquet fidèle
> « Qui nous guidait sur l'escalier ? »

Si vos parens ont eu le bon esprit de vous mettre au collége, et qu'il vous souvienne de tout cela, vous pouvez très - facilement vous faire une juste idée des dîners dont on régalait les séminaristes d'Amiens : les économes sont presque tous taillés sur le même patron.

Guillaume reprit donc bientôt la lecture du manuscrit, que nous allons continuer de transcrire, pour le plaisir ou pour les péchés de nos lecteurs.

SUITE DE L'HISTOIRE DE RÉNÉ.

« Je pleurai beaucoup mon oncle, je l'avoue, et pourtant je continuai de chasser. On n'a pas oublié sans doute que je me proposais de venger la mort de mon père; mais le marquis de Beaumarais n'avait pas attendu que mon épée lui eût donné un passe-port pour l'autre monde : un matin, il partit incognito pour les

états de Pluton. Heureusement ou
malheureusement, il laissa un héritier mâle.

« Ce champion était à peu près de
mon âge, je me persuadai qu'il allait
de mon honneur de le tuer, et je me
permis de le provoquer à la première
occasion. Cette occasion ne tarda
pas à se présenter. Je rencontrai le
jeune marquis à la chasse. — Monsieur, lui dis-je, je suis bien fâché
de la mort de monsieur votre père ,
attendu que je me proposais de lui
passer mon épée au travers du corps ;
mais, puisqu'il vous a légué son nom
et sa fortune, il a dû vous léguer

aussi son courage; en conséquence, je vous invite à mettre l'épée à la main, et à vous défendre en brave homme. Le jeune marquis prétendit qu'il n'avait rien à démêler avec moi, et, pour lui prouver qu'il se trompait, je pris mon épée par la lame, et je lui administrai quelques coups de la garde sur le visage. Cette correction fraternelle provoqua les cris de M. de Beaumarais; ses cris attirèrent quelques paysans qui travaillaient près de là; et, comme ces bonnes gens étaient les vassaux de mon adversaire, ils prirent parti pour leur seigneur qui criait à tue-tête que j'avais voulu l'assassiner. Les

manans se mirent en devoir de m'arrêter ; je me défendis vigoureusement ; mais il me fallut enfin céder
au nombre. On me prit, on me gar-
rotta, on me jeta dans une char-
rette, et je fus conduit au château
de Beaumarais, où Mme la marquise
douairière décida que je passerais la
nuit, pour être le lendemain trans-
féré à la prison de la ville voisine.
D'après cette décision, on me jeta
dans une chambre dont les fenêtres
étaient garnies de gros barreaux de
fer, et dont la porte fut soigneuse-
ment barricadée.

« La nuit vint ; le froid était vif, et

je n'avais, pour me garantir, que
mon habit de chasse et une poignée
de paille étendue sur le plancher.
J'essayai de passer à travers les barreaux; mais, bien que je fusse auda-
cieux et fluet, je ne pus parvenir à
m'échapper par cette voie. Heureusement, il y avait une cheminée dans
cette chambre, et, en moins de vingt
secondes, je parvins sur les toits.
Une autre cheminée se présente à
mes yeux; je l'atteins, et je me glisse
dedans, espérant qu'elle me con-
duira dans quelque pièce non habi-
tée, dont il me sera facile de sortir...
Hélas! mon espérance fut déçue. Je
descends précisément dans la cham-

bre à coucher de la douairière. Cette chambre était faiblement éclairée par une lampe, et si faiblement, qu'il était presque impossible de distinguer les objets. Je m'avance avec précaution ; mais un guéridon, chargé de porcelaines du Japon, se rencontre sur mon passage ; mon genou le heurte, et le renverse avec fracas. A ce bruit, la marquise s'élance hors du lit, en appelant du secours. Dans ce moment, j'étais près de la lampe ; Mme de Beaumarais m'aperçut, et, comme le chemin que j'avais pris pour lui rendre visite m'avait noirci de manière à me donner beaucoup de ressemblance avec

le portrait que l'on fait du diable,
elle me prit pour un échappé de
l'enfer, et ses cris redoublèrent. Cependant, mon ascension et ma des-
cente avaient tellement épuisé mes
forces, qu'il m'était impossible de
rebrousser chemin en suivant la
même route. Déjà j'entendais le bruit
des gens qui accouraient aux lamen-
tations de leur maîtresse, et je ne
pouvais plus espérer d'échapper à
mes ennemis. Tout-à-coup l'idée me
vint que, peut-être, on ne s'aviserait
pas de chercher le diable dans le lit
de la douairière, et, à tout évènement, je me blottis entre les draps.
J'y étais à peine, lorsque tous les do-

mestiques entrèrent à-la-fois. M.me la
marquise leur dit qu'elle avait vu le
diable; et, comme j'observais du
coin de l'œil ce qui se passait, je vis
au même instant toute la bande pâ-
lir et trembler. La marquise leur
montra les porcelaines que l'esprit
malin avait brisées, et, à cette
vue, peu s'en fallut qu'ils ne prissent tous la fuite. Pourtant, quel-
ques-uns des plus courageux se re-
mirent de leur frayeur panique, et
firent le tour de l'appartement, visi-
tèrent les meubles, excepté pourtant
le lit. Or, comme ils ne virent pas le
diable, ils engagèrent leur maîtresse
à se recoucher; mais celle-ci déclara

qu'elle n'habiterait point cette chambre avant d'avoir fait exorciser l'esprit malin; et, en attendant cette opération, elle se retira dans une autre pièce, à ma grande satisfaction.

« J'aurais pu, dès cet instant, quitter le château de Beaumarais; mais, ainsi que je l'ai déjà dit, j'avais froid et j'étais fatigué. Le lit de la marquise m'offrait la douce facilité de me réchauffer et de me remettre de mes fatigues. J'étais d'ailleurs bien persuadé que personne ne s'aviserait de venir troubler mon repos, et, d'après ces considérations, je résolus

de dormir tranquillement jusqu'au point du jour.

« L'aurore commençait à peine à dissiper les ombres de la nuit, lorsque je me réveillai, et je songeai aussitôt à la retraite; mais comme la vengeance me paraissait un devoir, je me disposai à le remplir. J'avais à venger la mort de mon père; j'avais à me venger moi-même des mauvais traitemens que j'avais essuyés la veille, et je devais encore venger ma mère de l'inquiétude que mon absence devait lui causer. Je cherchai dans mon imagination le moyen de nous venger tous trois à-la-fois d'un

seul coup. Je n'en trouvai pas de
plus simple que de mettre le feu au
château, projet que j'exécutai sur-
le-champ ; après quoi, je gagnai
doucement le parc, dont j'escaladai
le mur; et je fus libre.

« Bientôt l'incendie fit des progrès
effrayans ; mais les efforts des gens
du château arrêtèrent ces progrès,
et il n'y eut de brûlé que l'appartement de la douairière; ce qui la dis
pensa de faire exorciser les démons
qui pouvaient y être entrés.

« J'arrivai chez ma mère, et mon
retour dissipa la vive inquiétude qui

la tourmentait. Je lui racontai ce qui m'était arrivé, et ce récit l'effraya au point qu'elle me crut perdu sans ressource. Heureusement les nouvelles que nous reçûmes bientôt la rassurèrent. On nous dit que tous les commensaux du château de Beaumarais étaient persuadés que le diable avait mis le feu à l'appartement de la douairière, et que le prisonnier (c'était moi-même) avait profité du désordre pour s'évader.

« Cet évènement fit du bruit dans la province; les uns en rirent, les autres s'en effrayèrent; quelques esprits faibles se persuadèrent que j'étais sorcier, et tous s'accordèrent à dire que j'étais un mauvais sujet : je crois qu'ils n'avaient pas tort.

« J'avais alors près de quinze ans; et j'ai dit que déjà l'on me destinait à l'état militaire. Ma mère fit quelques sacrifices, engagea une faible partie de ses très-petits domaines, et j'entrai en qualité de sous-lieutenant au régiment de Navarre.

Ce métier me déplut dès le premier jour; la parade m'ennuya, et je pris le parti de ne plus m'y trouver. Mon capitaine, qui était un faquin, voulut se permettre quelques

remontrances; je l'envoyai promener : il m'ordonna de garder les arrêts , je lui ris au nez ; et le soir même
j'étais à l'Opéra.

« Je rentrai tard au quartier, bien
disposé à mener tous les jours le
même train de vie ; mais le lénde-
main, je trouvai à ma porte une
sentinelle qui m'invita à rester chez
moi ; j'insistai pour sortir ; le soldat
voulut s'y opposer ; un vigoureux
coup de poing le fit chanceler, et,
tandis qu'il cherchait à reprendre
l'équilibre , je descendis l'escalier, et
je sortis.

Lorsque je rentrai, mon capitaine, suivi de quatre hommes, se présenta chez moi, muni d'un ordre du colonel pour me faire arrêter. Je saisis aussitôt mes pistolets, et je jurai de faire sauter la cervelle au premier qui oserait m'approcher. Les soldats, qui savaient que j'étais homme à tenir parole, reculèrent de quelques pas ; mon capitaine, furieux, mit l'épée à la main ; j'en fis autant, et les fers se croisèrent : mon capitaine para les deux premières bottes, mais, à la troisième, je le jetai sur le carreau.....

Ici, ami lecteur, Guillaume fut

encore contraint de fermer le manuscrit, pour aller écouter les éternelles leçons du Père Thomas, et il remit au lendemain le plaisir de lire le reste des aventures de son ami.

~~~~~~

CHAPITRE VI.

Fin des aventures de Réné. — Les amis
quittent le Séminaire.

———

« Un sous-lieutenant ne tue pas im-
punément son capitaine. Le mien
heureusement ne fut que légèrement
blessé du coup d'épée que je lui ad-

ministrai pour lui apprendre à vivre,
ce qui ne m'empêcha pas d'être conduit en prison. C'est un singulier
réduit qu'une prison; on y trouve
toute sorte de gens, et, pourvu
qu'il y ait de la place et qu'on ait une
bourse bien garnie, on y est passablement logé. De l'argent, je n'en
étais pas tout-à-fait dépourvu; mais,
pour de la place, il n'y en avait
guère, ce qui fait infiniment d'honneur à la moralité du siècle, et ce
qui fut cause que l'on me logea dans
une petite chambre à deux lits, dont
l'un était occupé depuis quelque
temps par un très-honnête homme
qu'on avait mis à l'ombre, à cause

de sa philanthropie et du peu de cas
qu'il faisait de la Faculté de médecine. Cet homme de bien, qui se
faisait appeler *l'ami des mâchoires*,
n'avait cependant pu trouver grâce
devant les docteurs du royaume.
Voici le fait. Mon compagnon de
captivité avait découvert / un procédé tout simple pour guérir toute
sorte de maladies, et notamment les
maladies de mâchoires, ce qui lui
avait donné une grande célébrité.
Avec la pointe d'une épée, d'un
sabre, ou de tout autre instrument
qu'il préparait à cet effet, il enlevait
les dents sans la moindre douleur;
mais, comme dans notre belle France,

il n'est pas permis de guérir les gens
si l'on n'est pas coiffé du bonnet qui
bien souvent ne sert qu'à cacher des
oreilles assez semblables à celles du
bon roi Midas, et si l'on n'est pas
muni d'un diplôme qui ne prouve
rien , sinon qu'on a eu le moyen
de payer, l'*ami des mâchoires* fut
condamné à expier, par quelques
années de captivité, le crime irré-
missible d'avoir guéri des malades
sans la permission de la Faculté.

« Ma captivité, qui ne fut pas
longue, ne laissa pas de m'être pro-
fitable ; d'abord j'y pris des leçons
de patience et de modération, dont

j'avais un très-grand besoin; ensuite mon compagnon de captivité m'apprit, pour passer le temps, à enlever les dents sans causer de douleur. Il est vrai qu'il n'y avait pas d'apparence que l'héritier d'un grand nom, que le fils unique du baron de la Chanvrière, fît jamais usage d'un pareil talent; mais, quoiqu'il arrive, il n'est pas inutile de savoir guérir les mâchoires, et c'est ce que j'entreprendrai de vous démontrer quand il en sera temps.

« Mes juges ayant enfin trouvé convenable de statuer sur mon sort, je fus traduit devant eux; mais mon

capitaine, qui était rétabli de la petite indisposition qu'il devait à ma
flamberge, eut la générosité de dé-
clarer qu'il avait été l'agresseur, et
j'en fus quitte pour la perte de ma
sous-lieutenance, ce qui, je vous
assure, ne m'affecta pas du tout, vu
que, malgré la manière tout-à-fait
gentille dont j'avais débuté dans la
carrière des armes, et les espérances
que ce début donnait pour l'avenir,
une semblable profession n'était nul-
lement de mon goût. Je revins chez
ma mère, qui regretta beaucoup les
sacrifices qu'elle avait faits pour obtenir mon brevet, mais qui ne m'en

reçut pas moins avec un plaisir difficile à décrire.

« Cependant, comme mon père
ne m'avait laissé, à peu de chose
près, que son nom, et qu'un nom,
quelque beau, quelque grand, quelque noble, quelque harmonieux qu'il
soit, ne garnit ni l'estomac ni la
bourse, il était nécessaire, indispen-
sable même, que je prisse un parti
convenable à ma situation et à ma
naissance. Or, ma bonne mère ne crut
pouvoir faire rien de mieux que de
s'adresser à un évêque, son cousin au
seizième ou dix-septième degré, et qui,

à cause de la parenté, devait naturellement s'intéresser à la fortune de
son infiniment petit-cousin. En effet,
le prélat répondit qu'il s'occuperait
de mon avancement, si j'entrais dans
les ordres; et ce fut d'après cette
promesse, et à la sollicitation de
ma mère, que je vins ici augmenter
le nombre des disciples du savantis-
sime père Thomas, et de quelques
autres esprits de la même force; mais
j'ai reconnu depuis long-temps que
je n'avais pas plus de vocation pour
cette profession, que pour la première,
et je sens maintenant que les plus
gros bénéfices ne sauraient me dé-

dommager de tout ce que j'éprouve dans cette maison. »

C'est ainsi que se terminait le manuscrit qui contenait la vie de Réné de la Chanvrière. A peine Guillaume en eut-il achevé la lecture, que son ami vint le trouver. — Maintenant, lui dit-il, vous savez qui je suis ; vous pouvez me juger, et m'ôter ou me laisser votre amitié. Si vous me l'ôtez, il faudra bien que je m'en console ; mais, si vous préférez le dernier parti, je vous propose de consolider notre amitié, en unissant nos destinées.

Guillaume ayant répondu à son ami, que la franchise avec laquelle il avait écrit ses Mémoires, n'avait fait qu'augmenter encore l'estime qu'il lui avait inspirée, et lui ayant dit qu'il ne désirait rien plus que la certitude de ne point le quitter, l'ex-sous-lieutenant, aujourd'hui séminariste, continua en ces termes : — Je vous connais assez pour être persuadé que l'état ecclésiastique ne vous convient pas plus qu'à moi. Cela étant, un plus long séjour ici est au moins inutile. Voici donc ma proposition : Il y a long-temps que j'ai reconnu l'absurdité de ce préjugé, qui fait qu'un noble déroge lorsqu'il cherche à réparer, par une honnête industrie, les torts de la Fortune. Je suis donc décidé à faire usage du talent que j'ai acquis pendant ma captivité; c'est-à-dire, que j'ai l'intention d'exploiter le procédé que m'a communiqué l'Esculape prisonnier avec lequel j'ai vécu quelques mois. J'ai d'argent plus qu'il n'en faut pour me procurer toutes les choses nécessaires à l'exploitation. Il ne me reste maintenant qu'à me procurer un associé qui veuille partager les charges et les bénéfices de l'entreprise; et cet associé, je crois l'avoir en vous. Imitez-moi, mon ami; ayez le courage de vous élever au-dessus de l'opinion, et consentez à acquérir, par ce courage, une aisance qui vous mettra en état de vivre sans avoir recours à d'autres moyens.

C'est en exerçant la profession de dentiste, que nous parcourrons les provinces de la France; et cette profession ne sera pas sans agrément. D'ailleurs, ce n'est là que le premier plan de mon projet. Je vous ai dit que j'avais un oncle à Saint-Domingue. Lorsque nous aurons amassé assez d'argent pour acheter une pacotille, nous nous embarquerons pour cette île. Dans le cas où nous

ne serions pas accueillis par mon
oncle de la manière que j'ai cependant tout lieu de croire que nous le
serons, la pacotille que nous aurons
emportée sera une ressource certaine
qui nous procurera les moyens de
revenir en Europe.

Guillaume n'était pas homme à
reculer devant une folie de ce genre;
il suffisait qu'il fût question de quitter le séminaire pour que la proposition fût de son goût; aussi
trouva-t-il admirable le projet de
son ami, et il répondit à Réné qu'il
était prêt à le suivre au bout de l'u-
nivers. En conséquence, on se pro-

cura un cheval, un sabre, une trom-
-pette ; tout cela fut déposé dans une
auberge de la ville ; et, un beau
matin, les amis quittèrent le séminaire, pour aller à la conquête de
la fortune par le chemin des mâchoires, attendu que c'est ordinairement sur cette route qu'on rencontre l'aveugle et capricieuse
déesse.

CHAPITRE VII.

Séjour des amis au château Danicourt. —
Quel était le seigneur de ce castel.

———

Après quelques heures de marche,
les amis arrivèrent dans un village,
que Réné choisit pour le théâtre de
ses premiers exploits. Aussitôt Guil-

laume emboucha la trompette , dont
les sons aigres et discordans attirèrent bientôt la population entière
autour de la rossinante qui portait
l'opérateur ; et ce dernier , après
avoir fait part à l'auditoire du talent
avec lequel il guérissait le mal de
dents , offrit de donner un échantillon de son adresse.

En ce temps-là , il y avait beaucoup
de mâchoires.. .—Parbleu ! je le crois
bien , car , de nos jours , et en dépit
du progrès des lumières , le nombre
en est encore considérable. — Cela
est possible , Monsieur ; mais si vous
m'aviez laissé achever ma phrase ,

vous vous seriez épargné cette bou-
tade , car je voulais dire qu'en
ce temps-là, il y avait beaucoup de
mâchoires malades; ce qui fit que
Réné ne manqua pas de pratiques.
Peu s'en fallut que les paysans ne
le prissent pour un sorcier , tant la
manière dont il enlevait les dents
avec la pointe de son sabre était
merveilleuse! Il ne se donnait pas
même la peine de descendre de cheval : la mâchoire malade s'approchait de lui; et à peine la pointe
de l'instrument avait-elle touché le
siége du mal, que le malade était
soulagé.

Au nombre des curieux qui entou-
raient les deux amis était le valet
de chambre du seigneur du lieu. Ce
seigneur, qui s'appelait le comte Danicourt, souffrait depuis quelques
jours d'une fluxion terrible, qui n'é-
tait cependant que la suite naturelle
d'un très-joli soufflet que lui avait
administré Mme la comtesse, à la
suite d'une petite contestation amoureuse. Ce personnage ressemblait un
peu à M. de Lignoles, dont ce mauvais sujet de Faublas s'était chargé
de réparer les torts. M. Danicourt,
à la vérité, ne faisait point de
charades, mais il faisait des romans
sur lesquels il comptait pour aller à

l'immortalité. Il habitait alors la campagne, afin de travailler dans la solitude, et d'acquérir la gloire littéraire après laquelle il soupirait.

Lafleur (le valet de chambre de ce grand homme) se félicita de la rencontre qu'il faisait de deux hommes qui pouvaient être fort utiles à son maître, et il invita les susdits amis à le suivre au château. Ceux-ci, comme vous le pensez bien, ne se firent pas prier; et, en quelques minutes, on arriva chez le comte.

Je n'entreprendrai point de faire

la description de ce castel, attendu que cela ne servirait pas à grand' chose, et que je n'ai pas oublié ces vers de l'émule de Juvénal :

« S'il rencontre un palais, il m'en dépeint la face,
« Et me promène après de terrasse en terrasse. »

Moi, je ne veux point du tout promener mes lecteurs, mais seulement les entretenir des aventures de nos personnages; je ne dirai donc rien des tourelles et des murailles ; je passerai sous silence la majesté du pont-levis et la largeur des fossés, et je me contenterai de rapporter que les deux amis furent, aussitôt après

leur arrivée, présentés au comte
qui, sur le rapport de Lafleur, les
accueillit favorablement, et mit sur-
le-champ sa mâchoire à leur dis-
position. Réné assura à Monsei-
gneur qu'il allait être guéri inconti-
nent; et, pour procéder à l'opération, il prit le sabre que portait
Guillaume, le mit hors du four-
reau, et, la lame au poing, il s'a-
vança vers le comte. M. Danicourt
ne put se défendre d'un certain mouvement à la vue du fer meurtrier,
dirigé d'une main sûre vers son noble
visage; il pâlit, recula de quelques
semelles, et, malgré lui, il allait re-
noncer à subir l'opération, tant la vue

II. 11

de la flamberge l'incommodait, lorsque tout-à-coup il s'avisa de fermer
les yeux. L'opérateur, profitant de
ce moment favorable, introduisit la
lame dans la bouche du noble
comte, et la dent que la discourtoise
comtesse avait un peu ébranlée
tomba à l'instant sur le plancher.
M. Danicourt, émerveillé de l'a-
dresse du dentiste et du soulage-
ment qu'il éprouvait, voulut lui
en témoigner sa reconnaissance.

— Foi de gentilhomme! s'écria-t-
il, vous êtes un habile homme; et
je veux vous prouver que je sais
rendre justice au talent. En atten-

dant, je veux que vous restiez chez
moi au moins quelques jours, afin
que je vous y traite selon votre mé-
rite. Réné, qui brûlait d'impâtience
de courir le pays, allait refuser l'offre obligeante du comte, lorsque la
jeune comtesse entra dans l'appartement de son mari. A peine notre
ex-officier eut-il jeté les yeux sur la
gentille épouse de M. Danicourt,
qu'il perdit l'envie de courir le
monde; le château lui parut tout-
à-coup un palais enchanté, et il se
hâta d'accepter l'offre aimable de
l'officieux patron.

Il est vrai que la comtesse était

capable de faire oublier la solitude
la plus profonde. Quatre lustres qui
n'étaient encore surpassés que d'un
printemps ; un teint d'albâtre ; des
cheveux d'ébène ; de grands yeux
noirs d'où semblaient jaillir tous les
feux de l'amour : tout cela parut à
Réné autant de raisons qui s'oppo-
saient à son départ précipité ; ajou-
tez à cela que le flegme impertur-
bable du comte annonçait peu d'obs-
tacles à surmonter ; et convenez qu'il
est difficile de ne pas succomber à
de pareilles tentations, quand on a
dix-huit ans, et qu'on est Français.
Pour Guillaume, il vit avec indiffé-
rence la jeune comtesse ; l'impres-

sion qu'avait faite en lui la perte de Suzette, l'empêchait de songer à de nouvelles conquêtes.

— Madame, dit le comte à son épouse, je vous présente deux jeunes docteurs qui viennent de me donner des preuves de leurs talens. Alors, il raconta en longues périphrases les circonstances de l'extirpation de sa dent. Tandis que M. Danicourt parlait, la comtesse regardait Réné à la dérobée, et pensait que le docteur avait ou devait avoir quelque remède à opposer à l'ennui qui la dévorait.

Bientôt la cloche du château aver-

tit les commensaux, que le dîner est
servi, et le comte invite ses nouveaux hôtes à passer dans la salle à
manger. Réné aussitôt présente la
main à la jeune comtesse; il croit
sentir un léger tremblement qui lui
paraît d'un heureux augure, et il
ose presser les doigts de rose dont la
douceur l'électrise. Un pareil mouvement équivaut à une déclaration
formelle, et si l'on n'y répond pas,
ce silence est un aveu.

Un homme qui a été sous-lieutenant, qui a rompu ses arrêts pour
aller à l'Opéra, et qui a failli tuer
son capitaine, un tel homme, dis-je,

doit connaître un peu les femmes :
aussi le dîner n'était pas achevé, que
déjà Réné se croyait sûr de la victoire.

Tandis que le comte parlait litté-
rature avec Guillaume, et disposait
ce dernier à trouver ses œuvres littéraires admirables, une conversation
d'un autre genre et beaucoup plus
intéressante s'engageait entre Réné
et la jeune châtelaine. Celle-ci ne
répondait que par de demi-mots aux
discours presque passionnés du docteur de fraîche date, et cependant, ils
s'entendaient parfaitement. Après le
dîner, M. Danicourt proposa une

promenade au parc, pendant laquelle il avait l'intention de lire à Guillaume une de ses productions les plus récentes (c'était une épître en vers sur la sensiblerie des femmes). Réné consentit volontiers à les accompagner ; et, pour la première fois, la comtesse trouva la proposition de son mari très-raisonnable. En quittant la table, Réné fit à son ami un signe d'intelligence que ce dernier comprit fort bien, et il se disposa à trouver incomparables les œuvres littéraires du comte.

A peine eut-on fait quelques pas dans le parc, que M. Danicourt offrit à Guillaume de se reposer sur un banc de gazon, et, tirant de sa poche le précieux manuscrit, dont il devait bientôt enrichir la république des lettres, il en commença la lecture, au préjudice de l'épître en vers qu'il voulait lire d'abord. Ami lecteur, je vous dirai peu de chose de ce chef-d'œuvre; vous saurez seulement, si vous ne le savez déjà, que le personnage le plus intéressant était la *Vierge* du cloître, qui était en même temps la *Vierge* de la nuit, la *Vierge* du jour, la *Vierge* des combats, la *Vierge* des montagnes, la *Vierge* de la paix, la *Vierge* de la vallée, et que cette Vierge-là, qui était plus

II. 12

Vierge, ou du moins autant Vierge
qu'il est possible de l'être, n'en était
pas moins la femme de l'*Homme* des
destins, de l'*Homme* de la répro-
bation, de l'*Homme* des ténè-
bres, de l'*Homme* incompréhensi-
ble, etc., etc., etc.

Tandis que toutes les Vierges et
que tous les Hommes auxquels l'i-
magination du noble comte a donné
naissance, s'agitent et se démènent
en tout sens; que Guillaume se
mord les lèvres pour ne pas bâiller,
et qu'il lutte contre le sommeil qui
l'accable, la jeune comtesse et le
malin Réné s'amusent à poursuivre

des papillons; on court, on revient sur ses pas; on suit une allée, puis une autre, puis une troisième; mais on n'est pas infatigable, et le besoin de se reposer se fait bientôt sentir. On s'assied sur l'herbe fleurie tout près l'un de l'autre, et l'on reprend la conversation du dîner. Réné parle avec plus de chaleur encore; les réponses de la comtesse sont plus fréquentes; le chant des oiseaux, qui voltigent sur leurs têtes, fait naître mille pensées délicieuses, et l'imagination se monte par degrés.

Cependant, M. Danicourt venait d'achever la lecture du dernier livre

de son étonnant ouvrage, et Guillaume, qui ne l'avait pas compris,
s'efforçait de faire croire au noble
comte, que ce chef-d'œuvre devait
porter son auteur à la postérité la
plus reculée, lorsque tout-à-coup ce
grand écrivain s'avisa de remarquer
que sa femme et le docteur étaient
absens depuis long-temps. Dix fois
sa voix sonore fait retentir l'écho du
nom de la comtesse, et personne ne
répond à ses cris. Alors, il se met à
parcourir le parc en tout sens, et il
arrive enfin près du lieu que Réné et
la comtesse avaient choisi pour se reposer. Ils n'avaient point entendu
les pas du comte, parce qu'ils étaient

alors dans tout le feu de la conversation, et ils se parlaient de si près que M. Danicourt en fut effrayé. — Doucement! doucement! docteur, s'écria le noble époux; que diable faites-vous donc à la comtesse? — Vous le voyez bien, mon ami, monsieur s'occupe de ma santé. — A la bonne heure, Madame, mais il m'a semblé voir vos visages.... — Sans doute, mon bon ami, vous avez vu le docteur qui regardait ma bouche, afin de s'assurer si mes dents n'avaient pas besoin du secours de son art. — J'en remercie beaucoup le docteur, mais il m'a semblé qu'il y regardait de bien près. — Monsieur, répondit

Réné, cette habitude provient de ce que j'ai la vue basse. — Cela est fâcheux, M. le docteur, et je vous plains sincèrement d'être affligé d'une semblable incommodité , mais je vous plains pour le moins autant de ne pas être resté tantôt près de moi ; vous eussiez entendu la lecture d'un ouvrage qui, j'en suis sûr, vous eût fait le plus grand plaisir : c'est un roman de ma façon, dont votre ami pourra vous dire quelque chose.....
A propos ! qu'avez-vous donc fait pendant tout ce temps! — Devinez, mon ami , s'écria la comtesse ; je vous le donne en mille. — Que sais-je? peut-être avez-vous raisonné

médecine? — Non. — Vous avez
fait de la musique? — Pas davantage. — Ah! j'y suis, vous avez
herborisé? — Point du tout. Je
vois bien que vous ne le devinerez
pas. Eh bien! je vais vous le dire :
nous avons fait un roman. — Vous
avez fait un roman? — Oui, Monsieur; croyez-vous que vous soyez le
seul qui fassiez des romans? — Je
sais qu'il y a bien des gens qui se
mêlent d'écrire, mais je sais encore
qu'il y en a peu qui écrivent avec
autant de facilité et d'érudition que
moi. — Cela est vrai, Monsieur;
et je suis bien aise de vous apprendre que le roman que nous avons

fait ne ressemble en rien au vôtre.
D'abord, nous avons commencé par
le dénouement. — Ah! la plaisante
chose! s'écria le comte; c'est-à-dire
que vous avez pris le roman par la
queue.... Nous verrons, nous verrons
cette œuvre littéraire, quand vous
l'aurez écrite; car je présume que
vous n'en avez fait que le plan? —
Sans doute; mais ce plan, je vous
le répète, est délicieux, et rien au
monde ne pourrait nous faire renon-
cer à le suivre.

La nuit commençait à étendre ses
voiles; on reprit le chemin du château; Réné offrit encore son bras à

Mme Danicourt; et pendant le trajet
ce bras entretint avec celui de la
jeune comtesse une conversation très-
vive.

Les deux jours qui suivirent celui
de l'arrivée des deux amis au château
Danicourt furent, comme celui-ci, très-
agréables pour Réné, et passablement
ennuyeux pour Guillaume. Pendant
ces deux jours le docteur et la comtesse firent plusieurs chapitres du
roman qu'ils avaient commencé avec
tant de bonheur, et l'on pouvait
présumer, au train dont allaient les
choses, et d'après la rapidité avec laquelle les évènemens se succédaient,

l'on pouvait présumer, dis-je, que,
quelque jour, il en résulterait un
volume fort intéressant. Cependant,
les amis ne pouvaient raisonnable-
ment espérer d'habiter long-temps le
château. A peine trois jours s'étaient-
ils écoulés, que déjà l'on pouvait facilement s'apercevoir que l'admiration du comte pour ses jeunes hôtes
était sensiblement refroidie. Enfin, le soir du quatrième jour, les
amis annoncèrent qu'ils partiraient
le lendemain pour continuer leur
voyage dans les différentes provinces de la France. A cette triste
nouvelle, l'aimable châtelaine, vivement agitée, jeta les yeux sur

Réné; une pâleur mortelle vint rem-
placer les roses de son teint; le feu
de ses regards avait peine à se faire
jour à travers les larmes qui rou-
laient sous ses longues paupières, et
il était facile de reconnaître qu'elle
faisait de grands efforts pour retenir
les soupirs qui soulevaient son beau
sein. Un coup-d'œil du docteur suffit
pour dissiper ses craintes; elle de-
vina qu'il n'était pas disposé à quitter le château aussi promptement,
et présuma qu'avant cette terrible
séparation, si elle devait avoir lieu,
ils ajouteraient quelques chapitres
à l'ouvrage qu'ils avaient commencé.
Quand on réfléchit que c'est une

femme qui a deviné cela, on doit être persuadé qu'elle a deviné juste, car la perspicacité des femmes, en pareille matière, est connue de tout le monde.

Lorsque les amis furent rendus dans l'appartement qu'ils occupaient en commun, Réné communiqua son projet à Guillaume. « Mon ami, lui dit-il, tu dois être persuadé que l'annonce que j'ai faite de notre prochain départ n'est qu'une feinte, et je compte assez sur ton amitié, pour croire que tu me seconderas de tous tes moyens, afin de prolonger notre séjour ici ; tu sais de quelle nature

sont les intérêts qui m'y retiennent.
— Parle, mon ami; que faut-il que je
fasse ? — Presque rien. Il suffira
que tu aies cette nuit même une indigestion épouvantable. — J'entends;
mais si je me plains, on voudra
m'administrer quelque remède, et tu
sens bien... — Sois tranquille, je serai
ton médecin, et tu n'auras pas lieu
de te plaindre de mes ordonnances. »

Guillaume, rassuré sur l'article
des médicamens, consentit à tout; et
vers minuit, il se mit à faire des con-
torsions de possédé., et à pousser
des gémissemens capables d'attendrir
les cœurs les plus insensibles. Aus-

sitôt Réné se lève, réveille les do-
mestiques du comte, et, en un instant, tous les gens du château sont
sur pied. Le malin séminariste jette
les hauts cris ; il dit qu'une indigestion met son ami à l'extrémité.
« Vite ! vite ! s'écrie-t-il, en voyant
le maître-d'hôtel que le bruit avait
réveillé, vite! mon ami, une bouteille de vieux Bourgogne et du
sucre. » Puis, s'adressant au cuisi-
nier : « Toi, prépare un réchaud...
Qu'on se dépêche ! — M. le docteur,
dit le maître-d'hôtel, puisque votre
ami se plaint d'une indigestion, il
me semble que le thé est, en ce moment, le seul remède convenable. —

Oui, oui, reprit Réné, autrefois on en usait ainsi, mais la science fait chaque jour de nouveaux progrès, et il n'y a pas long-temps que j'ai découvert que le vin chaud avait la propriété de dégager l'estomac. » Voilà une singulière découverte ! se dit le majordome. Cependant, il obéit; et, au bout de quelques minutes, le pauvre malade avalait des rasades d'un Chambertin qu'il trouvait délicieux, malgré le mal dont il ne cessait de se plaindre. Le comte, réveillé par le tintamarre que cet accident causait dans le château, se rendit à l'appartement de ses hôtes, et il fut encore plus surpris que le

majordome, lorsqu'il vit quel était
le spécifique que Réné opposait à
une indigestion; mais le docteur lui
déclara avec tant de chaleur et d'é-
loquence les avantages de sa découverte, que le bon châtelain se retira
bien convaincu qu'une bouteille de
Chambertin était le meilleur remède
qu'on pût opposer aux suites de
l'intempérance. En passant devant
l'appartement de sa femme, M. Danicourt entendit que la comtesse
s'informait à l'une de ses femmes de
la cause du bruit qu'elle avait entendu; et ce bon époux entra chez
sa jeune moitié pour lui apprendre
lui-même ce qui s'était passé. Lors-

que la comtesse entendit son mari raconter, de l'air du monde le plus sérieux, que le docteur Réné guérissait les indigestions avec du Chambertin, elle ne fut pas maîtresse du mouvement d'hilarité qu'excita en elle ce nouveau procédé; et, tandis que le comte achevait sa narration, la comtesse lui riait au nez de la meilleure grâce du monde. « Je vous assure, Madame, s'écriait le noble époux, que ce que je viens de.dire est l'exacte vérité, et je vous ferai observer que votre rire singulier...

— Mon rire ! Monsieur, mon rire est à moi, entendez-vous ? Je ris quand bon me semble, et de qui bon me

II. 13

semble. Il vous sied bien de trouver mauvais ce que je fais chez moi ! — Pardon, Madame, mais je croyais... — Je croyais !.. Je croyais est le propos d'un sot, Monsieur ; ce que vous croyez d'ailleurs m'importe fort peu ; mais ce qui m'importe bien davantage, c'est d'être libre chez moi , et voilà pourquoi je vous invite à vous retirer promptement. » Le pauvre comte se retira sans se le faire dire deux fois, et le lecteur trouvera qu'il fit sagement , s'il veut se rappeler combien M.me Danicourt respectait peu le visage de son noble époux.

Cependant le remède que Réné

avait administré à son ami ne tarda
pas à opérer ; et bientôt Guillaume
ronfla de manière à tranquilliser
ceux que sa maladie alarmait. De
son côté, Réné, charmé de l'exécution de son projet et du succès qu'il
avait eu, ne put résister au désir de
faire une visite à la comtesse. Un
escalier dérobé conduisait à l'antichambre de l'appartement qu'occu-
pait la jolie châtelaine ; Réné se dirige donc sans bruit et sans lumière
vers le but qu'il croyait atteindre
facilement ; il franchit les marches
avec la légèreté du zéphyr, et il arrive dans l'antichambre, précisément au moment où le comte eu

sortait, de manière que ce dernier entendit le bruit de la petite porte. M. Danicourt avait de l'humeur, beaucoup d'humeur, et la façon dont son épouse venait de le congédier n'en était pas la seule cause. L'accident qui le forçait à retenir ses jeunes hôtes au moins pendant quelques jours encore, contribuait beaucoup à le rendre plus bizarre que de coutume. Dans les dispositions où il se trouvait, le bruit qu'il venait d'entendre ne pouvait lui être indifférent ; il s'avisa de penser qu'une femme ne se marie pas pour entendre des phrases alambiquées, et il sentit qu'il était probable que sa femme se

lasserait des siennes. Que faire en
pareille circonstance? Le comte n'en
savait rien, mais il pensa que Réné
possédait peut-être quelque recette
capable de le tirer de l'embarras où
le jetaient ses réflexions; et, plein
de confiance dans le savoir du jeune
docteur, il retourna chez les amis,
bien décidé à faire sur-le-champ
usage de la recette que Réné ne
pouvait manquer de lui donner. Il
arrive, et n'est pas peu surpris de
ne trouver que Guillaume dormant
à poings fermés; il attend quelques
instans, et le docteur ne vient point.
Tout-à-coup, M. Danicourt se rappelle le bruit de la petite porte;

en même temps la promenade au
parc lui revient à l'esprit, et les
serpens de la jalousie s'agitent dans
son cœur. Il commence à penser
qu'au lieu de faire un roman, la
comtesse se contente d'en mettre en
action le dénouement; et peu-à-peu
la colère s'allume dans son sein.
Un mari qui fait peu de cas de ses
droits n'en est pas pour cela plus
disposé à les céder à un autre, et le
comte était moins disposé que jamais à abandonner les siens. En un
instant, le noble châtelain passe de
la colère à la fureur, et de la fureur à la rage; il court chercher son
épée qu'il n'avait pas jugé à propos

de ceindre par-dessus sa robe de
chambre. Muni de cette arme re-
doutable avec laquelle un de ses
ancêtres avait fait la guerre aux
Albigeois, il se dirige vers l'escalier
dérobé ; ses forces, que la situation
de son esprit a quintuplées, suffisent
pour faire céder la faible serrure qui
s'oppose à son passage ; et, en quelques secondes, il est près de Réné. A
la vue de l'habile dentiste, la rage
du comte s'accroît encore ; le glaive
est levé ; il va frapper..... Soudain
Réné voit le danger qui le menace ;
il s'élance comme un trait par-dessus la tête de son ennemi, le saisit
par derrière ; et arrache de sa main

l'arme homicide qui allait l'atteindre. En vain le comte appelle ses gens à son secours; Réné, l'épée à la main, le force de quitter l'apparte- ment, et se faisant jour à travers la tourbe de valets qui veulent s'oppo- ser à son passage, il parvient jus- qu'à la chambre où il a laissé son ami dans les bras du sommeil. Guil- laume réveillé par le bruit qui se fait autour de lui en connaît bientôt la cause. Tandis qu'il s'habille à la hâte, l'opérateur descend dans les écuries du château, selle le meil- leur cheval du comte, que, dans son trouble, il prend pour la ros- sinante qui lui appartient. Guillaume, qui le suit de près , monte en croupe ; et, en quelques instans, les amis laissent loin derrière eux les antiques tourelles du noble manoir.

Dès qu'il fit jour, nos jeunes fous entrèrent dans la première auberge qui se trouva sur la route qu'ils suivaient, et ils tinrent conseil , afin de résoudre dans leur sagesse sur quel point de la France il devait leur être le plus avantageux de faire valoir leurs merveilleux talens. Il s'agissait de savoir quel était l'endroit où il y avait le plus de mâchoires ; et le fils du baron de la Chanvrière, qui connaissait un peu plus le monde que l'enfant du Bailli, assura à ce dernier qu'il n'y avait point de pays où il s'en trouvât autant qu'à Paris. Guillaume en fut d'autant plus satisfait, qu'il désirait depuis long-temps de voir la capitale. En conséquence, après s'être lestés convenablement, nos échappés du séminaire prirent le chemin de la moderne Babylone.

~~~~~~

CHAPITRE VIII.

Arrivée des amis à Paris. — Suzette. — Départ pour Saint-Domingue. — Conclusion.

———

Deux jours après leur départ du château, les amis arrivèrent à Paris ; et, bien qu'il fût encore de grand matin,

Réné, afin de se familiariser avec son art, résolut de déployer sur-le-champ, et en séance publique, les talens dont il avait déjà fait preuve dans le village de Danicourt. Guillaume emboucha donc de nouveau la trompette. En un instant, les laquais, les cuisinières et les bonnes femmes, ou, si vous l'aimez mieux, les vieilles femmes (ce qui n'est pourtant pas tout-à-fait la même chose), entourèrent les opérateurs; et l'une de ces dernières, après le discours d'annonce que Réné prononça, s'approcha de lui, afin de se faire ôter l'une des quatre dents qui lui restaient encore. L'Esculape tire son sabre, et

fait ouvrir la bouche de la vieille;
mais au moment où il introduit l'instrument dans la mâchoire, son cheval se cabre, la lame glisse et fend
jusqu'aux oreilles la bouche de la
vieille qui pousse des cris épouvan-
tables. Si la trompette de Guillaume
avait attiré des curieux, les cris de
la bonne femme en attirèrent bien
davantage encore. Bientôt la place
est encombrée par la foule d'oisifs
qui veulent voir, et par celle de filous
qui veulent toucher, et par celle, non
moins grande, de mouchards qui veulent entendre, quand même... on ne
dit rien. Le commandant du gué, qui
demeurait de ce côté, s'imagina que

le peuple se révoltait, et fit mettre tout son monde sous les armes; mais, tandis que ces braves gens se disposaient à se montrer, Réné et son ami, montés sur le même coursier, piquaient des quatre à travers la foule, et gagnaient le large de toute la vitesse de leur monture.

Déjà ils étaient loin du lieu de la scène dont ils avaient été les principaux acteurs, lorsqu'au détour d'une rue un embarras de voitures les força de s'arrêter. Leur cheval se trouve serré contre un modeste sapin dans lequel étaient deux femmes; l'une d'elles met la tête à la portière, Guillaume la regarde, se frotte les yeux, et regarde encore.

— Suzette ! Suzette ! s'écria-t-il ; et, s'élançant de dessus sa monture, il court à la portière du fiacre, l'ouvre avec précipitation : et Suzette qui le reconnaît se jette dans ses bras. Réné, qui sait quelque chose des amours de son ami, met pied à terre ; Rosine, qui accompagnait sa maîtresse, descend de voiture, et ils entrent tous quatre chez un restaurateur qui se trouve près de là. Suzette, à l'exception de quelques réticences, au nombre desquelles était sa dernière aventure, raconta à son amant ce qui lui

était arrivé depuis leur séparation.
Guillaume, heureux de retrouver ses
premières amours, pardonna quelques fautes, et l'on convint de ne
plus se quitter.

Maintenant je vais donner au lecteur une petite explication dont il a
besoin pour l'intelligence des derniers événemens que je lui ai rap-
portés. On se rappelle la situation
critique où se trouvait le marquis,
par suite de la chute du baldaquin.
Après bien des efforts, ce ridicule
amant de la jolie Suzette parvint enfin à se dégager; et, comme les nuits
étaient fraîches, il voulut s'affubler

de quelques-unes des principales
pièces de son vêtement; mais, à sa
grande surprise, ces pièces se trou-
vèrent si étroites qu'il lui était impossible d'en faire usage. Cela venait tout
simplement de ce que le maître clerc,
troublé par la peur, étourdi par
la chute qu'il avait faite, s'était affu-
blé des habits du marquis qu'il avait
pris pour les siens. Cette circonstance
éclaira l'amateur des beautés nouvelles, qui éclata en imprécations
contre la perfide. Dans l'accès de fureur qui le transportait, il ne parlait
de rien moins que de l'Hôpital; et
Rosine qui, de l'antichambre, entendit ces terribles menaces, et qui

savait, pour son compte, ce qu'en
valait l'aune, Rosine, dis-je, trem-
blait de tous ses membres. Enfin
le jour vint, et le marquis, enve-
loppé dans une ample robe de chambre, se jeta dans sa voiture; bien
décidé à punir sévèrement sa volage
maîtresse; mais à peine avait-il quitté
la petite maison, que M.me de la Martinière, aidée des conseils et des bras
de Rosine, rassembla les effets les
plus précieux qui se trouvaient dans
la maison, se munit de l'argent et
des diamans qu'elle possédait; et, la
soubrette ayant fait avancer un fiacre, on délogea au plus vite sans
trop savoir où on allait; de sorte

que la rencontre de ces quatre personnages ne pouvait arriver plus à
propos.

Récapitulation faite de l'argent et
des effets de chacun , la société se
trouva riche d'environ vingt-cinq
mille francs. Bien entendu que les
onze douzièmes de cette somme
étaient apportés par la maîtresse de
Guillaume , ce qui n'empêcha pas
qu'il ne fût décidé que les biens se-
raient communs , excepté pourtant
pour Rosine à laquelle on alloua
une somme pour la payer des services qu'elle avait rendus et qu'elle
pouvait rendre encore à sa maîtresse.

Ainsi que je l'ai dit, la première convention fut qu'on ne se quitterait jamais; ensuite Réné parla de la fortune de son oncle, riche propriétaire de Saint-Domingue; il démontra à ses co-sociétaires qu'outre l'espoir bien fondé qu'il avait de recueillir une riche succession dans cette colonie, ce voyage les mettrait à l'abri des poursuites de leurs ennemis, et leur permettrait de faire valoir leur argent d'une manière très-fructueuse. Enfin, il fit, des avantages que présentait ce projet, un tableau si brillant, qu'il fut adopté à l'unanimité, et qu'on ne songea plus qu'à le mettre à exécution; cela ne

fut pas long : le quart des valeurs
qui composaient la fortune de la société fut converti en marchandises;
et bientôt Guillaume, son ami, sa
maîtresse et la suivante de cette dernière, voguèrent à pleines voiles vers
la plus grande, la plus belle, la plus
riche et la plus florissante des An-
tilles.

Ce serait bien le cas de présenter
ici le tableau d'une horrible tem-
pête, suivie d'un naufrage épouvantable, mais ce récit aurait deux petits
inconvéniens: d'abord il blesserait la
vérité, chose à laquelle un roman-
cier tient beaucoup, comme on sait;

ensuite, une catastrophe de ce genre
nous mènerait trop loin; et, pour
cette raison, elle ne peut pas trouver place dans cet ouvrage, dont
quelques motifs, qui ne regardent
pas le lecteur, nous forcent de res-
serrer le cadre. D'ailleurs on trouve
dans des milliers de volumes des tem-
pêtes et des naufrages de toutes les
couleurs, et capables de satisfaire les
amateurs les plus intrépides et les
plus insatiables.

Nos voyageurs arrivèrent au Port-
au-Prince après six semaines de la
plus heureuse navigation. Réné s'in-
forma du lieu où était située l'habi-

tation de son oncle, et il s'y rendit sur-le-champ. Ce bon vieillard, accablé d'années et d'infirmités, accueillit son neveu avec les démonstrations de la joie la plus vive. — « Le Ciel a exaucé mes vœux, lui dit-il, ô mon fils! il n'a pas voulu que des mains mercenaires fermassent mes paupières, et il m'a envoyé mon unique héritier pour embellir mes derniers jours. Il me reste, je le sens bien, peu de momens à vivre, mais ces momens seront les plus beaux de ma vie. » En effet, les amis n'habitaient encore que depuis quelques semaines la maison de M. de la Chanvrière, lorsque ce bon vieillard tomba sérieu-

sement malade, et mourut en ins-
tituant Réné son légataire uni-
versel.

Réné pleura son oncle, et il pensa
avec raison que la plus belle manière
d'honorer sa mémoire était de faire
un noble usage de la fortune immense qu'il lui avait léguée. Guillaume et Suzette furent les premiers
qui se ressentirent de la générosité
du jeune baron. Ce dernier voulut,
en les mariant, leur assurer une fortune qui leur permît de tenir un
rang honorable dans la société, et
lui-même épousa bientôt la plus riche
héritière de la colonie, ce qui mit le

comble à la félicité dont il jouissait
déjà.

Après cela, ami lecteur, ne venez
pas me dire que je n'ai pas songé à la
morale, car, Dieu merci, il n'en
manque pas dans mon livre; d'a-
bord vous y voyez qu'un Bailli, sa
gouvernante et son greffier, sont
des gens très-nécessaires; ensuite,
je vous démontre très-clairement, à
ce qu'il me semble, qu'on apprend
dans un roman des choses fort utiles;
et, par-dessus tout cela, je vous
prouve que le fils d'un fourbe peut
être un homme de bien. Soyez donc
persuadé, ami lecteur, que vous

avez parcouru un excellent traité de morale; publiez cela partout, et comptez que ce ne sera pas moi qui vous démentirai.

FIN DU SECOND ET DERNIER VOLUME.

TABLE

DES CHAPITRES

CONTENUS DANS LE SECOND VOLUME.

———

Page

CHAP. I.er. — *Retour du Bailli. — Catastrophe. — Suzette à Paris.* 5

CHAP. II. — *Suzette à l'O-*

péra. — Conquéte de Su-
zette. 3o

CHAP. III. *Suzette quitte
l'hôtel de France. — Le
maître clerc. — Aventure
nocturne.* 53

CHAP. IV. — *Guillaume au
séminaire. — La logique
du père Thomas. — His-
toire de Réné de la Chan-
vrière.* 76

CHAP. V. — *Le dîner des
séminaristes. — Suite de
l'histoire de Réné.* 91

CHAP. VI. — *Fin des aven-*

tures de Réné. — Les amis
quittent le séminaire. . . . 109

CHAP. VII. — Séjour des
amis au château Danicourt.
— Quel était le seigneur de
ce castel. 123

CHAP. VIII. — Arrivée des
amis à Paris. — Suzette.
— Départ pour Saint-Do-
mingue. — Conclusion. . . 163

FIN DE LA TABLE.

www.ingramcontent.com/pod-product-compliance
Lightning Source LLC
Chambersburg PA
CBHW072035090426
42733CB00032B/1789